# 禮物經濟

## 所有繁茂興盛都是互惠的結果

羅賓・沃爾・基默爾——著
ROBIN WALL KIMMERER
劉泗翰——譯　約翰・伯格因 John Burgoyne——繪

# THE SERVICEBERRY

Abundance and Reciprocity in the Natural World

所有繁茂與盛
都是互惠的結果

謹以本書獻給我的好鄰居

寶莉與艾德・德瑞克斯勒（Paulie and Ed Drexler）

01 植物親屬的饋贈——9

富饒的莓果好像純粹是這片土地賜予的禮物，而不是我掙來的：我既沒有付費，也沒有付出勞力。知更鳥與我將其視為禮物。我們口中塞滿了莓果，心裡也滿懷感恩之情。

**改變自己不改變土地**
**接受大地禮物的連帶責任**
**禮物經濟的貨幣：感恩與互惠**
**物質的循環造就富饒**
**母性禮物經濟**

02 用禮物為世界命名——34

將某樣東西視為禮物，會深刻地改變我們跟這件物品的關係。我們被織進了一種特殊關係之中，會更細心地照顧獲贈的一切事物。

**禮物思維的力量**

03
## 我們如何養活自己 42

「我把獵物的肉全部保存在兄弟的肚子裡了。」我們波塔瓦托米人的聚會經常有「分贈」的儀式，獵人透過饋贈禮物來分享好運、加強關係。

**把肉儲存在兄弟的肚子裡**
**原住民的「分贈」儀式**

04
## 免費取用的富饒 55

每次送出一份禮物，都會在饋贈者與受贈者身上產生新的精神生命，並因此獲得生命力與重生。

**草根創新的禮物網絡**
**「我們」的福祉和「我」的利益**

05 共同持有的資源會劣化嗎？——68

人類與鹿人、熊人、魚人和植物人之間達成永恆協議——這些非人類的親戚同意分享他們的生命禮物來維持我們的生命；而我們則遵守克制、尊重和互惠的協議來作為回報。

公共資源的禮物經濟元素
當有人違反信任原則
共享的相互義務

06 由禮物創造的關係——84

只要你打開意識、用心察覺，並替他們取個名字，就能看到禮物經濟無所不在。

囤積救不了我們
服事莓經濟學：一個互利共生的演化模型
迴避競爭反而驅動生物多樣性
市場經濟的稀少性操作

07
在市場經濟之外 103
為了鳥類、莓果和人類共同繁榮的可能性，我們需要一種經濟，
遵循我們最古老教師——植物——的引導，分享地球的恩賜。

轉型工具：漸進式變革、創造性干擾
植物群落的生存教誨
人類經濟的下一階段
善意的儲存與延伸

邀請您加入禮物經濟 128
無論您的貨幣是什麼，謹代表人類和地球，邀請您成為禮物經濟
的一員。

謝詞 130
專有名詞對照 132
國際好評 133

# 01 植物親屬的饋贈

向晚的涼風拂過林木茂密的山丘，趕走了白天的燠熱，也帶來了跟我一樣渴望涼意的鳥兒。牠們成群飛來，啁啾鳥鳴聽似歡笑，讓我也不得不報以同樣雀躍的笑聲。牠們全圍繞在我身邊，有雪松太平鳥（Cedar Waxwing）、貓鳥（Catbird），還有色彩斑斕、像是閃過一抹彩虹的藍知更鳥（Bluebird）。此刻，我們嘴裡都塞滿了莓果，也同樣發出幸福的咯咯笑聲，讓我感到前所未有的親切，全因為我也叫羅賓[1]的關係。灌木叢中結滿簇擁的莓果，各在不同的成熟階段，有的紅、有的藍，有的則是酒紅深

1 本書作者名叫羅賓（Robin），在英文裡也有知更鳥的意思。[ 譯註 ]

紫，數量多到你隨手一摘就可以撈到一整把。還好，我帶了一個桶子，只是桶子愈來愈重。鳥兒只能將莓果裝進肚子裡，不知道牠們載了這麼多貨還飛不飛得動？

富饒的莓果好像純粹是這片土地賜予的禮物，而不是我掙來的，我既沒有付費，也沒有付出勞力，以數學來計算價值，怎麼看都不是我應得的報酬。然而，它們卻送到我面前——連同陽光、空氣、鳥兒一起，還有聚集在積雨雲高塔上的雨水，遠方的風暴看似山雨欲來。你可以說它們是自然資源或生態系統提供的服務，但是知更鳥與我卻將其視為禮物。我們嘴裡塞滿了莓果，鳴唱著感恩之情。

我的喜悦有一部分來自意料外的驚喜，因為從未想過會在這裡採到這些果子。土生土長的服事莓（Serviceberry，拉丁學名為*Amelanchier arborea*）結出的果實又小又硬，口感偏酸澀，偶爾才會出現一株果實甜美的樹叢。今天，在我桶子裡的大豐收是來自西部的品種*A. alnifolia*，通常稱為薩斯卡通莓（Saskatoons），是我的農民鄰居寶莉與艾德栽種的，今年第一次結果。他們生產莓果的熱情與我不相上下。

薩斯卡通莓、六月莓（Juneberry）、鰣魚灌木莓（Shadbush）、鰣魚花莓（Shadblow）、糖李子（Sugarplum）、薩維斯莓（Sarvis）、服事莓——這些都是唐棣屬（*Amelanchier*）灌木果實的眾多名稱之一。民族植物學家現在認為，植物的名稱愈多，在文化上的重要性就愈高。這種植物因其果實可食、可以入藥，又在春天的第一道曙光來臨時綻放花朵，點綴仍然覆蓋白雪的銀白森林邊緣，因此備受人們喜愛。服事莓又有日曆植物之稱，生物週期完全依照季節性的天氣模式，唐棣花開代表地面已經解凍。民俗上，此時山路已經可以通行，巡迴傳教士可以前來主持教會禮拜。鱘魚也正在逆流而上——至少是河水清澈無冰、足以讓鱘魚產卵的時候。

## 改變自己不改變土地

像服事莓這樣的日曆植物，對於必須與季節循環保持同步的傳統原住民來說，至關重要，因為他們每年都要穿越自己的家園，來到替他們準備好食物的地方。他們並沒有為了自己的方便而改變土地，反而是改變自己。隨季節而食是一種向豐饒致敬的方式，也就是在豐饒的時間和地點來迎接它們。在農產品倉庫和雜貨店的世界裡，你可以在需要的時候買到想要的東西。我們付出了相當大的經濟和生態成本，強迫食物來到我們身邊，而不是順應農產品自己的時間，取用大自然給予我們的東西。這些服事莓沒有受到脅迫，它們的碳足跡為零。也許這就是它們嘗起來如此美味的原因——一年只有在這個時間出現——這些短暫的夏日小酌，不留下任何傷害的殘味。

「服事莓」的名字雖然有「service」一詞，但是卻與「服務」或「服事」沒有任何關係，而是來自薔薇科一個非常古老的名稱「Sorbus」（花楸屬），後來逐漸變成「sarvis」，最後才有了

「service」。雖然名稱並非源自其服務，不過這種植物確實提供了無數的產品和服務——不僅是賜予人類，也賜予許多其他自然界的公民。它完全支持生物多樣性。鱒魚灌木是鹿和麋鹿的首選食物，而對剛出生的昆蟲來說，也是早期花粉的重要來源，更養活了一系列的蝴蝶幼蟲——例如：虎紋鳳蝶（Tiger Swallowtail）、總督蝶（Viceroy）、線蛺蝶（Admiral）和小灰蝶（Hairstreak）等——還有眾多在繁殖季節靠著莓果大餐供給熱量的鳥類。

人類也依賴這些熱量來源，尤其是原住民的傳統飲食習慣。服事莓是製作乾肉餅的關鍵成分，將乾莓果與乾鹿肉或野牛肉一起搗碎成細粉，再與提煉出來的脂肪結合，最後固化成原始的能量棒。這種高度濃縮的保存食品可以在缺乏食物來源的季節中，提供充分的營養，並且易於運輸、儲存或攜帶。乾肉餅也成為傳統貿易經濟的一部分，形成一個本地及橫貫大陸的成熟網絡，在不同生態系統和文化之間分配重要物資。多餘的食物熱量可以換取當地無法獲得的其他商品。

無論生長在何處，服事莓都是原住民飲食方式的一部分。我是波塔瓦托米民族（Potawatomi Nation）的成員，該民族屬於五大湖地區的阿尼希納貝族（Anishinaabe peoples）。我曾有幸在傳統饗宴上吃到用服事莓做的紫色糖漿蜜餞，激發了我的味蕾以及對這種祖傳食物的記憶。

在波塔瓦托米語中，服事莓叫做*Bozakmin*，這是最高級的形容詞，代表最好的莓果。我用舌頭淺嚐了一顆，立刻認同祖先替它取的名字，真是再貼切不過了。想像一下，有一種水果嚐起來像藍莓，但是又混合著蘋果那種令人心滿意足的分量，再加上淡淡的玫瑰水和帶有杏仁味的種子咬起來的那種細碎的嘎嘣脆。那風味不像在雜貨店裡可以買到的任何東西：狂野、複雜，帶有一種你身體認可的風味，是身體一直在等待的真正食物。當我吃服事莓時，幾乎可以感覺到體內的粒線體正在快樂地手舞足蹈。

## ・接受大地禮物的連帶責任

對我而言，*Bozakmin*這個字裡最重要的部分就是「min」，這個字根是「莓果」的意思，會出現在波塔瓦托米語的藍莓（*Minaan*）、草莓（*Odemin*）、覆盆子（*Mskadiismin*）等詞彙中，甚至連蘋果（*Mishiimin*）、玉蜀黍（*Mandamin*）和俗稱野米的菰米（*Manomin*）裡也有。這個字是一種啟示，因為它也是代表「禮物」的字根。在替那些向我們傾注良善美好的植物命名時，我們體認到這些是來自植物親屬的饋贈，體現了它們的慷慨、關懷與創造力。阿尼希納貝語的語言學家詹姆斯·武克里希（James Vukelich）教導我們說，這些植物的饋贈「體現了植物對人類無條件的愛」。他寫道，植物傾其所有，賜予那些有需要的人，「聖人和罪人都一樣」。

我情不自禁地凝視著它們，將這些閃閃發亮的寶石捧在手心，心中滿溢感恩之情。面對這樣的禮物，感恩是直覺的第一個反應。這種感恩之情流向我們的植物長老，並投射到雨水、陽光，還有那些點綴著點點甜美果實的灌木叢，感謝有它們近乎不可能的存在，才讓這個世界不至於那麼苦澀。

在阿尼希納貝人的世界觀中，不僅將果實視為禮物，而是將大地提供的所有物資都視為禮物，從魚類到柴薪，不一而足。舉凡讓我們能夠生活下去的所有一切——編織籃子的木條、入藥的樹根、用來蓋房子的樹幹，還有我們書裡的每一頁紙張——都是由人類以外的生命所提供的，無論你是直接從森林裡採集收穫，或是藉由商業媒介，從雜貨店的貨架上取得物資，這一點都千真萬確，因為它們全都來自這個地球。當我們不再將這些物資視為物品、自然資源或商品，而是一種禮物時，我們跟自然世界的整個關係都會為之改觀。

在阿尼希納貝人的傳統經濟中，大地是所有物資與服務的來源，以一種交換禮物的形式分配給眾生：贈送一個生命藉以支持另一個生命。重點在於支持全體人類的好處，而不只是為了個人。接受大地賜予的禮物，就要擔負起連帶的責任，如：分享、尊重、互惠與感恩——時時刻刻都在提醒著你。

這種感恩之情遠遠不只是一句禮貌性的「謝謝」。不是一種自動的「禮節」儀式，而是察覺自己內心的虧欠感，足以讓你震驚到停下腳步來細細思量——讓你真正體認到自己的生命是由大地之母用她的身體來滋養長大的。當我的手指因為沾滿莓果汁液而變得黏答答時，讓我想到自己的生命必須仰賴他人的生命，沒有它們，我根本就不會存在。水是生命，食物是生命，土壤也是生命——它們透過光合作用和呼吸作用搭配成奇蹟，成就了我們的生命。我們賴以生存的一切都流經這片大地，稱其為大地之母並不是一個空洞的比喻。我們放進嘴裡的食物是同時串連精神和肉體關係的絲線，因為我們的肉體獲得養分，精神則得到歸屬感的滋潤，這才是食物最重要的功能。我無權擁有這些莓果，但是它們就在我的桶子裡，這是一份禮物。

這一桶六月莓代表了數百次的禮物交換，才讓我的手指染成藍色：楓樹將落葉奉獻給土壤；無數的無脊椎動物和微生物交換養分和能量，形成腐殖土，讓服事莓的種子可以在其中扎根；雪

松太平鳥留下了種子；陽光；雨水；早春的蒼蠅為花朵授粉；農夫拿著鏟子溫柔地種下幼苗。他們都是禮物交換的一部分，每個人都可以透過禮物交換來滿足他們所需。

## 禮物經濟的貨幣：感恩與互惠

許多原住民族，包括我的阿尼希納貝親戚和長屋族鄰居[2]，都繼承了所謂的「感恩文化」，在這種文化中，人們生活方式的組成全都圍繞著對地球贈禮的認可與責任，無論是在儀式上或是實務上。我們最古老的教誨故事提醒我們，不表達感恩之情就會辱沒這份禮物，並帶來嚴重的後果。如果你狩獵了太多的水獺，等於羞辱了牠們，牠們就會離開；如果你浪費玉米，就會挨餓。

細數你收到的禮物會讓人產生一種富足感，知道你已經擁有了所需要的一切。在一個總是敦促我們增加消費的經濟中，認識到「足夠」是一種激進的行為。數據顯示，地球上的食物熱量「足夠」供給八十億人獲得營養；然而，還是有人在挨餓。想像一下，如果我們每個人都只拿走足夠的東西，而不是遠遠超出我們的份額，結果會如何呢？透過分享我們所擁有的一切，可以滿足我們似乎渴望得到的財富與安全感。生態心理學家已經指出，感恩的做法可以抑制過度消費。禮物思維所培養的關係，減少了我們的稀有感和匱乏感。在這種充足的氛圍中，那種想要索取更多的飢渴減輕了，我們只取自己需要的東西，尊重贈與者的慷慨。

2 Haudenosaunee的意思是「住在長屋的人們」，也可以譯為「長屋民族」，是一個因傳統、信仰及文化價值而結盟了好幾百年的原住民族聯盟，外界普遍稱為易洛魁聯盟（Iroquois），意思是「和平與力量之聯盟」。[ 譯註 ]

氣候災難和生物多樣性喪失都是人類貪得無饜、無節制掠奪的結果。培養感恩之心可能是解決方案的一部分嗎？

我認得這些莓果也讓寶莉感到驚訝，因為它們對這附近的大多數人來說很新奇。作為一名採集者，我習慣跟隨雪松太平鳥的聲音前進，卻常常只能找到牠們留下的零星幾顆，令人失望。我從未見過如此多的果實，就在這裡，是我的朋友親手種下的。當她得知這些莓果對我們來說是一種重要的文化食物時，顯得十分興奮，我能感覺到我的喜悅讓她的心情也隨之飛揚。

如果我們收到禮物的第一個反應是感恩，那麼第二個反應就是互惠：回贈禮物。我可以送什麼給這些植物來回報它們的慷慨呢？我可以用直接的回應作為回贈的禮物，像是除草、澆水或是

常觸及幾個特點：社群間相互依存、非立即性互惠、不可計量、間接贈與，贈與者獲得無形回報（如個人聲譽或滿足感），而受贈者會有強烈驅力想要回禮。[ 編註 ]

唱一首感恩歌，讓感恩之情隨風飄揚。我可以替孤獨的蜜蜂創造棲地，因為牠們替這些果實施肥。又或者，我也許可以採取間接行動，例如：捐款給當地的土地信託基金，拯救更多的棲地來保護送禮者；在有關土地使用的公開聽證會上發表演說；或者創作藝術品，邀請其他人加入互惠網絡。我可以減少碳足跡，投票支持健康的土地，倡導農地保護，改變我的飲食習慣，在陽光下晾曬衣服，少用烘乾機。我們生活的這個時代，每一個選擇都至關重要。

感恩與互惠就是禮物經濟[3]的貨幣，其顯著特徵是隨著每次交換而價值倍增。經過一再地轉手之後，它們的能量愈來愈集中，成為真正的再生資源。

3 **禮物經濟 gift economy**：一種基於贈與的古老經濟模式，其中給予者將所有的付出都當成贈送禮物一般，對於商品或服務的交換不帶有報酬、互惠或對等交換的要求和預期，例如初步蘭群島的庫拉圈交換、捐血、開源軟體、宗教信徒的供養等。不同於金錢交易的市場經濟，也不同於以物易物的模式，這種體系重點是關係的連結，通我們能夠想像人類經濟的貨幣是從大地之母身上流出來的嗎？一種禮物貨幣？

我要先說清楚，當我談到互惠關係時，我指的並不是在雙邊交換中產生了義務，然後可以透過彼此「支付」來解除義務。我的意思是，以開放和擴散的方式保持禮物的流動，這樣禮物就不會積累或停滯，而是不斷地移動，就像莓果透過生態系統贈送禮物一樣。我們生態學家從生物地球化學的角度來思考生態系統的貨幣——生命物質在生與死之間的循環。

## ・物質的循環造就富饒

莓果落在我的桶子裡，像是「大珠小珠落玉盤」，令人聽得心滿意足。隨著桶子變得愈來愈重，值得我們好好想想：它們是由什麼組成的？這些服事莓既含有碳和氮等元素物質，也有能量儲存在甜滋滋的糖分裡。要理解這種自然經濟並應用在我們自己的經濟中，我們必須記住：物質和能量在生態系統的移動方式不一樣。

像碳、氮、磷這樣的物質——生命的基本元素——在生態系統中循環，傳遞過程中不斷改變形式。讓我們跟著薩斯卡通莓的碳走一遭吧。樹葉從大氣中吸收二氧化碳，透過光合作用的優異機制將其轉化為糖，大氣的禮物現在就存在於莓果體內。當雪松太平鳥吞下莓果時，一些碳會變成羽毛，在鳥尾畫出一條黃色彩帶，映照著午後陽光閃閃發亮。當那根羽毛落到地上時，就成為甲蟲的食物，甲蟲又成為田鼠的食物，而田鼠死亡後滋養了土壤，土壤又滋養了樹林邊緣剛剛發芽的服事莓幼苗。物質在循環經濟的生態系統中流動，並且不斷改變形式。富饒是透過循環和互惠創造出來的。

這樣的循環以不同的速度進行，有時只需要幾分鐘，就像磷分子在水和青綠色的綠藻旋轉細胞之間跳舞一樣。這種藻類將磷吸收到體內，幾分鐘後浮游動物就會吃掉綠藻，然後又將礦物質排回水中，這時候就有另一株水藻樂於吸收這些磷。其他循環則進行得比較緩慢。有時，礦物質會被長期儲存起來，像氮被困在樹幹中三百年，不過最終總是會回到循環中。這些莓果迸裂出的汁液，上週還是雨水，如今已經踏上返回雲端的旅程。這些過程是循環經濟原則的模型，其中不存在廢棄物，只有起始原料。造就富饒的是物質的不斷循環，而不是浪費。

然而，能量的情況則完全不同。雖然化學物質可以在生態系統中循環，但是能量卻無可避免地只能朝著同一個方向流動。儘管可以暫時儲存，但是由於熱力學定律，能量終究會繼續移動。太陽的能量儲存在服事莓的化學鍵中，成為太平鳥發出顫音的燃料，但最終還是會隨著體熱，從覆蓋著溫暖羽毛的身體散發出去。能量永遠無法完全回收，會因為生物之間能量轉移的熱力學低效率而耗盡。因此，能量必須不斷補充才可以持繼流動。

我的屋頂上裝有太陽能板，我的生活就像它們一樣徹底由太陽能源驅動。太陽一直被尊為生命之源，也就一點都不奇怪了吧。

## ·母性禮物經濟

我認為在工業經濟中，「生產」是流動的源頭，植基於人類勞動以及將地球禮物轉化成商品。但是生產往往是以巨大破壞為代價。當一個經濟體系主動摧毀我們所鍾愛的東西時，難道不應該採取不同的系統嗎？是不是到了應該改變的時候了呢？

一些舉足輕重的女性主義思想家呼籲我們要牢記：送禮是人類關係中最原始的一種。我們每個人的生命，都是從接受了吉納維芙．沃恩（Genevieve Vaughan）所謂的「母性禮物經濟」（maternal gift economy）開始的，即「商品與服務」從母親到新生兒的流動。當母親哺乳幼兒時，個人自我的界線就變得可穿透，共同利益成了唯一重要的考量。母性禮物經濟是生物學上的必然要求，沒有菁英統治，也不是什麼謀生手段。母親不會把母奶賣給嬰兒，純粹就是一項禮物，讓生命得以延續。這種經濟的貨幣是感恩的流動、愛的流動，也正是名符其實的支持生命。

同樣的，大地之母的哺育是否可以理解為母性禮物經濟呢？這些女性主義思想家認為，從這個意義上來說，給予和索取是相互關心的基本方式，無需國家或市場的干預。有些學者，如米基．卡什坦（Miki Kashtan），正在探索母性禮物經濟的哲學與實踐如何推動社會組織朝向正義和永續發展。

如果太陽是自然經濟流動的源頭，那麼人類禮物經濟的「太陽」會是什麼？什麼才能源源不絕地補充禮物的流動？也許就是愛吧。

# 02 用禮物為世界命名

在服事莓經濟中，我接受了樹的饋贈，然後再將禮物傳播出去，分送一盤莓果給鄰居，他再做成甜點與朋友一起分享，朋友感受到食物與友誼的富足，於是到食物發放站擔任志工，分送食物給有需要的人。這就是服事莓經濟的運作方式。

相反的，在市場經濟中，我若是買了一籃莓果，這關係就止於金錢上的交換；一旦我拿出了信用卡，就不會再跟店員或店家有任何交換的關係。一切到此為止。現在，這些莓果屬於我所有，我愛怎麼做就怎麼做。店員、企業和我——也就是消費者——之間，純粹就只是物質的交易，不會形成共同體，僅止於商品交易。想想看，如果你在街上遇見了那個店員，然後他跟你要服事莓派的食譜，那會有多奇怪——不過卻又多美妙啊！——因為那樣就逾越了界線。然而，如果這些莓果是一份禮物，你們可能還會繼續閒聊下去。

用禮物來替世界命名，就會覺得自己是一個互惠網路的會員，讓你感到開心，也給你一份責任感。將某樣東西視為禮物，會深刻改變你跟這件物品的關係，儘管這件「物品」的物理組成不曾改變。你在店裡買了一頂羊毛編織帽，無論是源自何處，都可以讓你保暖；然而，如果這頂帽子是你最喜歡的阿姨親手編織的，那你跟這件「物品」之間的關係就非比尋常了：你會覺得對它有一種責任，而且你的感恩之情在會這個世界上產生推動力。相較於店裡買來的帽子，你很可能會特別細心地保管這件禮物，因為這頂帽子被織進了一種特殊關係之中。這就是禮物思維的力量。在我的想像中，如果將所有的消費品都視為大地之母賜予的禮物，我們會更細心地照顧獲贈的一切事物。

我曾經到一所規模很大、也很有名望的大學，在學校的自然資源學院發表演說，於是趁機質疑學院的名稱，畢竟「自然資源」一詞代表某種原始材料，然後我們再將材料轉化成有價值的東西。剛巧，這個學院因為名稱的種種牽連，也正在改名的過程中，所以我提出了一個建議：「何不將你們系所的名稱改為地球禮物系？」你們實在應該看看現場一片幸福洋溢的笑容。「喔，對啊，」有人帶著明顯的渴望說：「我們會努力推動地球禮物系這個名稱。」不過最後他們當然選擇了其他名稱。「這個想法很美，」一位同事後來跟我說：「但是這聽起來有點像是阻止人去砍樹似的。」

## ・禮物思維的力量

虐待禮物不但在情感和道德上有虧，也會帶來生態上的後果。比方說，我想到一處湧泉，那裡有從地底湧出來的冰涼泉水，那股涼冷的生命力幾乎讓人眩暈。我用雙手掬水飲用，也潑水洗臉，甚至還裝滿了水壺備用。水不是本來就應該如此自由而純淨嗎？你有多久不曾在野外喝過生水？我覺得這就是一種禮物。水的生命成就了我的生命——我的喜悅也存在於水裡。禮物思維代表我在喝水之後心存感恩，於是清理掉沉積在池底的樹葉，並且小心翼翼地不讓池邊泥土渾濁了池水。我細心照料這份禮物，它就可以持續贈與他人。

然而，我若是糟蹋了泉水，像是在池子裡小便，或是搭建水壩，將原本自由的泉水圍堵起來出售，那麼後果不只是摧毀了水質，還會帶來情感上的缺口。我會覺得自己像那水一樣骯髒。光是想像有人聲稱擁有它，就讓人心痛不已。但是這樣的道德感無法遏止視水為商品的經濟，將水視為可以買賣的財產。在我看來，有人認為自己擁有水，真是荒謬絕倫之事。水從天而降，如同聖經中天國賜下的神奇食糧嗎哪，你怎麼能夠買賣天賜的禮物而不造成精神上的危害呢？我不這麼認為。

我們的思想擴散出去，就會影響到行為。我們若是將莓果或泉水視為物品或是財產，它們就會成為在市場經濟中遭到剝削的商品。一旦它們的地位從禮物變成了商品，我們就不再覺得背負著共同責任。這樣的後果如何，我們都心知肚明。

那麼，我們為什麼允許這種將一切都商品化的經濟制度主宰這個世界呢？這樣的制度造成了匱乏而非富饒，促進了囤積而非分享。我們放棄了價值，屈從於這種經濟制度，傷害我們所愛的事物。我們衡量經濟價值的指標，如國民生產毛額（GDP），都只計算市場上的貨幣價值，也就是那些能被買賣的東西。在這些經濟價值的計算公式中，乾淨的空氣、碳封存，以及鳥語盈耳的森林所帶來的無法言喻的財富，完全沒有立足之地。一隻品種繁衍了數千年的蝴蝶，生活在地球上獨一無二的地方，牠的價值何在？沒有任何公式複雜到能夠容納故事誕生的地方。當我得知原生林作為木材比作為地球之肺還要更「值錢」時，真的心痛不已。然後，我或多或少仍然受制於這樣的經濟制度，也受限於無所不在的剝削。我一直在思索該如何修正，而我並不是孤軍奮戰。

# 03 我們如何養活自己

我是植物學家，我對經濟學和金融的了解，大約相當於六月莓頂端一個鑲褶邊的小杯子那麼大，那裡曾經是花朵的一部分——如果你渴望認識一個美味的新詞彙，就如同某些人渴望金錢一樣，那麼我可以告訴你，這個部位叫做「花萼」。

儘管我對莓果的詞彙瞭若指掌，但是卻不容易延用到經濟學上，所以我想重新審視經濟學的傳統意義，並拿來跟我對自然禮物經濟的理解做個比較。經濟學到底有什麼用？這個問題的答案很大程度取決於你問的是誰。美國經濟學會（American Economic Association）的網站上說：「這是對於稀少性的研究，探討人類如何使用資源以及他們對激勵措施的反應。」我的女婿戴夫在高中教經濟學，他的學生在課堂上學到的第一個原則是：經濟學是關於面對匱乏不足時的決策。市場中的任何事物和所有一切，都隱隱然被定義為匱乏不足，而以稀少性為主要原則，隨之而來的思考方式，就是以物品和服務的商品化為原則。

我離高中時代已經很久了，但是我不確定自己是否理解這個想法，於是我盛了一碗新鮮現採的服事莓，送給我的朋友兼同事瓦萊莉．盧薩迪斯（Valerie Luzadis）博士。她是美國生態經濟學會（U.S. Society for Ecological Economics）的教授和前任主席，對地球禮物的概念讚賞有加。生態經濟學是一門還在持續發展的領域，將地球的自然體系與人類的價值和倫理道德融入傳統經濟學理論。瓦萊莉更喜歡將經濟學定義為「我們如何組織自己以維持生命並提高品質，也是我們思考如何養活自己的一種方式」。我比較喜歡這樣的定義。

## ・把肉儲存在兄弟的肚子裡

在英文中，「ecology」（生態）和「economy」（經濟）這兩個詞彙的字根都是希臘文的「*oikos*」，意指「家庭」或「家戶」，也就是維繫我們生命之關係、物品和服務的系統，而我們默認的市場經濟體系絕對不是唯一的模式。人類學家早就觀察到也分享了許多由迴然不同的世界觀所形成的文化架構，它們都明確指出「我們如何養活自己」。

當莓果紛紛落入我的籃子時，我也在思考要如何處理這些果實。我會送一些給朋友和鄰居，當然也會在冷凍庫裡儲存一些，留待二月時做六月莓的瑪芬蛋糕。我一邊決定要如何解決這個富饒的「問題」，一邊想起了文化評論學者路易士．海德（Lewis Hyde）的必讀著作《禮物》（*Gift*）中所提及的一份報告，那是語言學家丹尼爾．艾弗列特（Daniel Everett）記述他在巴西雨林從當地採集狩獵社群所學到的事情。

他寫到一名獵人帶了數量相當龐大的獵物回家，光是他們一家人根本就吃不完。研究人員問他要如何保存這些多餘的肉品。

當時有煙燻和乾燥技術，保存食物不成問題。但是獵人聽到這個提問卻是一臉疑惑：要如何保存肉品？為什麼要保存肉品？他非但沒有這樣做，反而廣邀鄰居族人一起來飽餐一頓，不久鄰近的族人全都聚集到他的火邊來享用，直到吃掉最後一塊肉，一點兒也不剩。在人類學家眼中，這似乎是適應不良的行為，於是他又問：既然森林裡的肉類來源這麼不確定，為什麼獵人不替自己保留一些下來呢？因為在人類學家自身文化的經濟體制中，就預期獵人應該會這樣做。

「保存肉品？我把肉全都保存在兄弟的肚子裡啦。」獵人答道。

這番話讓我受益良多，我真該好好感謝這位不知名的老師。

這句話直指禮物經濟的核心，是在市場經濟誕生之前就有的替代方案，是「我們如何養活自己」的另外一種方式。在禮物經濟中，對財富的理解就是有足夠的東西可以分享，而處理富饒的做法就是將其分送出去。事實上，一個人的地位不在於累積了多少，而是分送了多少。禮物經濟中的貨幣是關係，表現方式為感恩、相互依賴和持續的互惠循環。禮物經濟孕育了社群的情分，增進彼此福祉；經濟單位是「我們」，而不是「我」，因為所有繁茂興盛都是互惠的結果。

人類學家將禮物經濟形容為交換系統，其中貨物和服務在沒有明確預期會有直接補償的情況下流通。科學家兼哲學家馬歇爾．薩林斯（Marshall Sahlins）將廣義互惠稱為禮物經濟的核心，這種經濟在小而關係緊密的社群中發揮最有效的作用。人們藉由互通有無，讓體系中的每個人都能得到他們需要的東西。那不是由上而下的監管，而是源自對「足夠」的集體公平感和分配地球禮物的擔當。

## ・原住民的「分贈」儀式

查爾斯・愛森斯坦（Charles Eisenstein）在他的《神聖經濟學》（*Sacred Economics*）[4]一書中提到：「禮物鞏固了某種神祕認知，意識到自己參與了比個人更偉大的事物，但是又與個人分不開。理性的利己規律發生了變化，因為自我已經擴展到包括他者的某些部分。」如果社群欣欣向榮，那麼社群內的所有人都將享受到

一基本原則，追求獲利成長，導致競爭、疏離和稀缺。當經濟活動能認知到感恩，珍惜並回饋所收到的禮物，才能為人類與自然的共同福祉服務。[ 編註 ]

大自然所提供的同等豐盛（或短缺）。

在禮物經濟中，流通的貨幣是感恩和聯繫，而不是商品或金錢。禮物經濟包括間接互惠而非直接交換的社會與道德協議體系。所以，今天跟你分享盛宴的獵人，很可能會預期你將來分享漁網裡滿載而歸的漁獲，或是在他要修船時提供你的勞力。社群的繁榮源自於關係的流動，而非商品的累積。

當自然世界被理解為禮物而不是私有財產時，累積富饒就會受到道德約束，因為那不是屬於你的財富。禮物不是用來囤積的，這樣會造成其他人的匱乏，反而是用來分送的，因為這樣才能讓所有人都感到富足。

4 **神聖經濟學 Sacred Economics**：一種基於禮物經濟和互惠關係的替代經濟模式，視大自然為神聖不可變賣的。作者艾森斯坦認為，宇宙運行的原則是「贈與」，這一點在互利共生的生態系統中特別明顯，每一個物種都擁有（獲贈）其重要功能，如果缺少該功能（即它贈與生態系統的「禮物」），整個系統會變得脆弱。現代的貨幣體系違背此從非正式的實踐到高度儀式化的協議，禮物經濟在世界各地的傳統原住民社群中廣為流傳。我們波塔瓦托米人的聚會經常有「分贈」的儀式，旨在透過分贈禮物來加強關係。在西方世界，慶祝人生大事的人可能會期望收到禮物，但是我們的做法卻正好相反。那些好運臨頭的人會透過饋贈來分享這份好運。

禮物經濟的著名例子中，包括北美西北部太平洋沿岸地區人民的散財宴，其中禮物在不同群體間流通，鞏固了彼此之間的情分，並重新分配財富。傳統的散財宴是送禮的慶典，人們會極其慷慨地分贈財產，藉以紀念生命中有意義的事件。儀式盛宴展示了分贈者的財富，提高了他們的威望，並確認關係網絡的聯繫。收到的禮物很可能會在下一次儀式又分送出去，保持財富的流動並鞏固彼此的情分。到了一八〇〇年代，受到傳教士的影響，這種儀式化的財富再分配遭到殖民政府禁止。散財宴被視為違背「文明的累積價值觀」，還破壞了個人財產和進步的概念，而這些概念對於殖民統治的同化至關重要。

這些關於關係與互惠的傳統價值，在當代原住民經濟學中依然具有深遠影響，薩利希－庫特奈（Salish-Kootenai）族經濟學家羅納德・特羅斯柏（Ronald Trosper）博士在他的著作《原住民經濟學：維護人民與土地》（*Indigenous Economics: Sustaining Peoples and Their Lands*）便記錄了這一點。與人類及人類以外的世界建立良好關係，是福祉的主要貨幣。這種關係價值觀形塑了當前部落在各種經濟需求上的協議，從木材到鮭魚皆然。而關於土地作為道德責任與土地作為商品的問題，有時也成為新聞頭條上的爭議焦點。

特羅斯柏說了一個故事，講述如何透過建立關係，促成與美國政府達成歷史性的部落間協議，以保護聖地熊耳（Bears Ears）的文化景觀，使其成為首個以部落為核心的國家紀念區。五個不同的部落培育與聯邦政府的關係，以永久守護這片被視為共享恩賜的大地。這一舉措是朝著療癒殖民掠奪歷史的重要一步。然而，這個充滿希望的原住民經濟學模式卻遭入主白宮的唐納．川普（Donald Trump）硬生生限縮，他推翻了原決定，將那些神聖土地的權利轉交給一家私人鈾礦公司。最終是靠著一場總統選舉才得以反轉局面。

殖民經濟與原住民經濟之間的競爭，並未隨著野牛的消失而結束。

兩種經濟世界觀——一種是透過個人積累獲得繁榮，另一種是經由分享共用地來促進興盛——是這個國家殖民歷史的基石。剝奪與同化原住民的整個計畫，旨在消弭土地作為歸屬感來源的觀念，取而代之的是認為土地只不過是財產來源的概念。這就需要縮小福祉的定義，從共同財富到個人財富，從富饒到匱乏。

你就算沒有參加散財宴也能體驗禮物經濟，只要你打開意識、用心察覺，並替他們取個名字，就能看到禮物經濟無所不在。

FREE FARM STAND

04

# 免費取用的富饒

我的鄰居珊蒂住在我們那條路上過去一點的古老農舍裡。八月來臨時，她在家門前的楓樹下擺了一張折疊桌，桌上用玻璃罐盛裝的一根根艷麗的劍蘭，吸引了我的目光，另外還有一堆櫛瓜、一籃新鮮的紅色馬鈴薯，以及一個寫著「免費取用」的牌子。一個人能夠用到的劍蘭就這麼多，所以她將多餘的劍蘭拿出來，跟任何可能從門前經過的人分享。至於櫛瓜，則是另外一回事了。

在我們這裡，夏末的熱浪促進瓜類生長，每天都有新的收成，替多餘的櫛瓜找到歸宿可不是鬧著玩兒的事。幾天之內，他們就會從一般小黃瓜大小長到像球棒那麼大。大家都知道這裡的人會將多餘的櫛瓜放進彼此的郵箱裡，或是鎖定停放在路邊的車輛，偷偷地放在前座上。我不確定這算不算是一份禮物——更像是一場自我保護的祕密遊戲。然而，並不是每個人都有花園和櫛瓜瘟疫。因此，看到有車子停下來，或許是在下班回家的路上，接受了新鮮蔬果或花束，當作晚餐佳餚或布置餐桌的禮物，總是讓珊蒂感到很開心。交換的貨幣是雙方臉上的神祕微笑。

前院贈品的做法在我們那條路上似乎有傳染性。有一天，一輛舊旅行拖車停在一片新修剪的草地邊緣，沒有接電，也沒有接水。一個星期之後，車子外面擺了一張粗糙的桌子，又在兩個鋸木架之間架起了木板，上面擺著一個裝飾精美的香料架、一小堆陸軍迷彩物品、一個裹著帆布的水壺、一個軍用背包和一堆亂七八糟的東西，旁邊又放了一個牌子寫著「免費取用」。

這是一種經濟嗎？我想應該算是——一種基於富饒和分享喜悅的財富重新分配系統。有人說：我有多的，所以就給你。我想，這些小小的舉動全都發生在一條僅有幾英里的鄉間道路上，絕對不是巧合。贈與會帶來更多的贈與，禮物一直在流動著。而且像這樣的道路還有很多。

在遭逢危機時，禮物經濟會在地震後的瓦礫堆中，或是在颶風橫掃過後的廢墟裡蓬勃發展。蕾貝嘉・索爾尼（Rebecca Solnit）在她令人讚嘆的著作《蓋在地獄裡的天堂》（*A Paradise Built in Hell*）中，描述了禮物經濟如何在災難時期自動發生。當人類生存受到威脅時，富有同情心的行為就會推翻市場經濟。人們彼此自由地給予，當每個人團結一致地將手中擁有的食物、勞力和毯子資源全都集中在一起統一運用時，所有權的束縛就消失了。當治理體系和債務的市場經濟瓦解時，互助網絡就會出現。人們講述了從麵包店貨架取用好幾卡車麵包的英雄事蹟，在短短幾個小時前，麵包還是私人財產，可以出售換取利潤，還要防止小偷盜竊，但是在遇到麻煩的時候，就變成了一份禮物。在街角的共用營地上架起爐灶提供熱湯的人，贏得了散財宴主人的威望與榮耀。我們都知道如何做到這一點，而更重要的是，我們渴望這樣做，因為在每次交換禮物時都讓人感覺更有生命力。

我們現在面臨的挑戰是：如何在沒有災難作為催化劑的情況下，培養我們禮物經濟的內在能力。我們必須相信左鄰右舍，相信我們的共同利益可以取代自私的衝動。對現行體系提供的敘事深信不疑，讓我們在零和遊戲中相互對抗，實在是一場悲劇。

## ．草根創新的禮物網絡

我驚訝地發現，現代經濟理論的一個基本假設是，每個人都會遵循經濟學家亞當．史密斯（Adam Smith）所描述的「理性經濟人」行為模式，其特徵是一個貪婪、孤立的個體，純粹出於自身利益行事，以最大化投資回報為目標。整個經濟系統似乎正是為這種假想的刻板形象而設計，因此也在塑造這樣的人。但我們每個人都知道，現實中這種行為模式的例外，遠遠多於符合預測的個體。那麼，我們能否想像一個培養不同經濟認同的系統，重新找回我們作為鄰里的角色，投身於彼此福祉的共同投資中？事實上，大量的實證研究表明，在不受外部力量強迫的情況下，人類傾向於合作與慷慨的程度，與自利行為不相上下。如果我們創造一種社會和政治風氣是有利於「富同理心的互利共生人類」呢？說真的，為什麼不試試看？

我的生活經驗僅限於鄉村景觀，並不十分了解禮物經濟還在其他哪些地方可能與市場經濟共存，這一點讓我感到很難堪。我在全國各地的大學校園裡演講，所以我常常問學生是否參與禮物網絡以及他們如何參與，於是我知道了種種活躍的循環經濟，包括免費共享單車、維修咖啡店（repair café）、捐贈馬克杯到咖啡店裡代替免洗用品、交換衣服、「什麼都不買」運動和校園裡的免費商店——在這些店裡，宿舍用的必需品在學生之間從一代傳遞到下一代，沒有交換一分錢。他們彼此告誡對方關於他們的消費與浪費可能造成什麼樣的間接衝擊，還跟我講述了在有色人種社區附近運作的大型垃圾焚化爐所造成的環境正義問題。當他們得知免費商店每多經手一件物品，就少一個有毒空氣污染來源，讓兒童哮喘病發生率居高不下的城鎮多一分喘息空間時，個個都顯得很興奮。這些學生意識到，他們的免費商店對於過度消費與浪費的影響很小，但是卻代表了一份承諾，願意想像並實踐一種不會與塑膠一起堆積不公不義的替代方案。

這些學生所學的許多例子都來自一個非常不同的領域——數位世界，不過我想這也不足為奇就是了。他們很快就以開源軟體和維基百科為例，視其為禮物經濟的表現，因為在資訊共享空間的數位平台上，可以自由地分享知識。他們一再提到TikTok和YouTube影片，說道：「你可以從中學到任何東西，因為有人將自己的時間和經驗當作禮物，與任何想要的人分享。」

探索數位景觀對我來說，就像我的森林在他們眼中一樣陌生，所以我實地考察了一番，蒐尋有關禮物經濟的影片，發現它們無處不在。我發現了互助協會、地方禮物經濟、另類地方貨幣[5]、無償工作交換、合作農場、點對點網路借貸（peer-to-peer

濟、文化、環境的永續與自足，實踐「社會價值幣值化」的概念。其貨幣類型可能是實體（如小琉球淨灘的海灘貨幣），或虛擬（如講求互助與交換服務的時間貨幣、區塊鏈型態的高雄幣）。[ 編註 ]

lending）等等。

我們生活在現實與可能之間的緊張關係中。一方面，我們見證了自然經濟的互惠本質，看到事情應該如何運作；但是在另一方面，我們看到榨取式資本主義的後果，打破了「自然法則」的每一個層面。我對這樣的對比和自己的愛莫能助感到絕望，但是也確信像這樣的人絕對不只我一個。在闡述這些替代方案時，人們有勇氣說：「我們來創造一些不同的、符合我們價值觀的東西。我們不必成為共犯。」

令我感到振奮的是，所有這些草根創新運動正在興起，它們的創建是為了抵制正在摧毀我們所愛的經濟體系，並以保護我們所愛的事物為基礎，建立新的體系。這讓我對我們使用的語言有

5 **另類地方貨幣 alternative local currencies**：另類貨幣一般指法定貨幣以外的流通貨幣設計，私人、企業、組織或地方政府均可創造。而以社群共識的貨幣自主形式，在特定區域內使用，也被稱為地方貨幣。另類地方貨幣的目的在重塑人們日常生活必需的貨幣與交換關係，多應用於小地理空間，以確保地方經

了新的喜愛。我們將這些稱為「草根」運動，模仿植物的禮物經濟，似乎再貼切不過了。

## ‧「我們」的福祉和「我」的利益

富饒的問題突顯了兩種生活方式的顯著差異：一種是已經主宰全球的經濟模式，另外一種則是在此之前古老的禮物經濟。禮物經濟運作的例子有很多，大多是在關係緊密的小型社會中，社群福祉被認為是成功的「單位」，其中「我們」的利益超過了「我」的利益。在這個時代，當經濟發展得如此龐大而且非人性化，以至於會消滅而不是扶植社群福祉時，或許我們應該考慮其他方式來組織構成經濟的商品和服務交換。

我們大多數人都陷在市場經濟之中。根據定義，市場經濟是一種貨幣系統，其中商品的生產與分配受到供需的「市場力量」調節。交易是自願的，企業家可以自由地追求利潤。市場經濟以私有財產和競爭為基礎，引導供需之間的差距——即稀少性。供需差距愈大，稀少性就愈高，因此獲得這些商品的價格就會上漲，利潤也會跟著增加。在市場經濟中，肉類必須是私有財產，獵人可以囤積起來追求個人福祉或是用來兌換貨幣。最大的地位和成功來自佔有和利潤，必須透過私人囤積來保障糧食安全。

禮物經濟則源自地球提供的富饒禮物，這些禮物不屬於任何人，因此是共享的。分享會產生善意和情分關係，確保當你的鄰居走運時，你會受邀參加盛宴，也就是透過培育互惠的情分來確保安全。作家瑪格麗特・愛特伍（Margaret Atwood）寫道：「每次送出一份禮物，都會在饋贈者與受贈者身上產生新的精神生命，並因此獲得生命力與重生。」你可以把肉儲存在自己的儲藏室或是兄弟的肚子裡，二者都有抑制飢餓的效果，但是對人類和提供食物的土地所產生的後果卻截然不同。

# 05 共同持有的資源會劣化嗎？

我的經濟學家同事提醒我，我們生活在所謂的「混合經濟」中，而不是純粹的自由市場經濟。企業家並非完全自由地獲取利潤，而是受到政府監管，這種集體協議的表現就是法律和政策。私人與公共物品混在一起。在這種混合經濟中，是否有培育禮物經濟的空間呢？

誠如我們所見，只要我們開始注意並為其命名，禮物經濟就無所不在。朋友邀請我們共進晚餐，或是因為孩子已經長大，將再也用不到的嬰兒車轉送給剛生了孩子的鄰居。我的一個朋友做了殺手級的義大利千層麵，可是她一個人吃不完，所以總是分送一些給一位年長的鄰居。

我生活中最常多出來的東西就是書了，因為大家總是送書給我。因此，當我翻到最後一頁時——有時甚至更早——我可能會送一本書給朋友。你也這樣做吧。這個簡單的行為就是禮物經濟的核心。沒有任何金錢交換，我也不期望得到任何形式的補償，但是那本書免於被丟進垃圾掩埋場的命運，而我跟朋友之間則多了一份情誼，有了共同的話題。贈與的行為開啟了互惠的管道，這跟服事莓在做的事情並沒有太大的差異。

人們常問的問題是，我們如何從個人關係中汲取禮物經濟並擴大規模？我不得不說，我不確定這個問題是否正確。為什麼一切都必須擴大呢？正是小型的規模與背景環境，才讓禮物的流動變得有意義。然而，禮物經濟若是要發生影響力，我倒寧可思考一下，社區規模的禮物經濟會是什麼模樣。

沿著我家那條路再下去一點有個小村落，規模太小，沒有公共圖書館。但是村子裡的一座教堂外卻立了一根木柱，柱子上端是一個漆著鮮艷色彩的木箱，看起來像一棟有玻璃門的房子。裡面的雙層架上擺滿了平裝本的懸疑小說、兒童讀物和一些操作手冊。書籍流入再流出，流向經過的路人，沒有任何義務。某人以精緻的木工手藝製作了這個木箱，是送給這個社區的禮物；這份禮物吸引了書籍作為禮物，然後又吸引了讀者這份禮物。這項小型免費圖書館運動已遍布全國，分享對閱讀的熱愛，並透過禮物經濟將書本帶給每一個人。從與朋友分享一本書，到與社區分享，這是一個漸進的步驟。

## ・公共資源的禮物經濟元素

這樣的共享要如何在更大的社區中運作呢？在我看來，公共圖書館是個強而有力的例子，證明更大規模的禮物經濟與市場經濟可以共存。沒錯，城市裡有私人書店，而且還經常成為有意義的社區空間。我喜歡書店的原因有很多，不過也很尊重公共圖書館的理念與實踐。對我來說，它們體現了禮物經濟在公民規模上的實踐與共同財產的概念。圖書館是禮物經濟的典範，不僅提供免費書籍，還提供音樂、工具、種子等等，我們不必每一個人都擁有一切，圖書館的書屬於每一個人，為公眾提供免費書籍（而且提供了比教堂角落的柱子木箱更廣泛的選擇！）。拿走這些書，好好的閱讀，然後再帶回來，讓其他人也能讀得到，為所有人帶來豐富的文學樂趣。而你所需要的，就只是一張借書證，代表某種協議，同意尊重和照顧共同利益。

圖書館是一個機構，已經非常接近公民生活領域的禮物經濟——儘管還不完全是如此，因為圖書館是用我們繳納的稅金支付的，並非自願捐贈的共有財。不過，這讓我想到，不知道共享公共財產的制度是否可以拿來跟禮物經濟做類比。

我們將圖書館、公園、步道、文化景觀全都視為公共財，也就是我們所謂的「共有資源」——本來就是由使用這些設施的人共同享有，也共同照顧。我們將多餘的錢以稅收的形式匯集起來，才造就了這些設施。我們總是抱怨納稅，但是在本質上，這項法定義務是對集體照顧的一項投資。其他國家為了共同利益提供的不僅是書籍和綠地；這些社會主義民主國家提供免費的全民醫療、全民教育、老年照護、家庭支援和永續發展的投資。北歐經濟體被稱為「可愛的資本主義」，與美國「割喉的資本主義」形成鮮明對比。這些國家用來支持公共利益的稅率比美國高得多，但是幸福指數也同樣高出許多，斯堪的納維亞半島的幸福指數高居全世界第一位。當我們納稅時，這些模型有助於我們想像如何在資本主義的基礎上鼓勵禮物經濟的元素，因為資本主義不會馬上消失。

## ・當有人違反信任原則

當然，櫛瓜與花的模式也可以超越個人分享，擴及組織層次。我的女兒在她居住的郡縣裡負責一項農業推廣計畫，參與園藝大師班的成員在示範農地生產了大量的剩餘農產品，於是他們就在辦公室外面設了一個可愛的小攤位，免費分送蔬菜和鮮花，還立了一個牌子寫著歡迎鄰居自由取用。整個夏天，攤位的箱子裡都堆滿了色彩繽紛的各類新鮮食物，直到最後一次霜凍，馬鈴薯已全部收成，冬季生產的橡果南瓜消失得無影無蹤，就連最頑強的羽衣甘藍也不再生長之後，那個牌子底下的貨架才終於清空。所有農作物都送光了，於是他們打算第二天將攤位收起來，放到穀倉裡準備過冬，沒想到隔天去上班時，卻發現什麼都

導致資源枯竭，例如空氣污染、海洋魚類資源耗竭等困境。歷史上曾提出三個方法來避免其發生：公地私有化、道德懲罰、透過傳統或正式規範來管理和使用。[ 編註 ]

不見了，讓他們嚇了一跳！有人將整個攤子都拿走了！基於慷慨的特性，他們認為這不是公然的竊盜，而是語意模糊不清所造成的，畢竟，牌子上確實寫著：「免費農產攤位」！

這是禮物經濟的固有問題——只要有人違反信任原則欺騙舞弊，禮物經濟就無法正常運作。這個小小的禮物經濟就是因為有人違反了分享規則、拿了太多而脫離正軌。

將公共物品變成私人商品的部分理由，出自生態學家加勒特．哈丁（Garrett Hardin）提出的「公地悲劇」（Tragedy of the Commons）[6]理論。他的觀點是，共有資源——例如，所有農民都可以自由放牧羊隻的草地——將不可避免地遭到相互競爭的私人利益所破壞。這個理論假定相關人士會以「理性經濟人」的

6 **公地悲劇 Tragedy of the Commons**：公地悲劇是一種現象的比喻，涉及個人利益與公共利益對於資源分配的衝突，常用於經濟學和生態環境領域，指個人可以開放地獲取資源，但因根據自身利益行動，資源將因不受限的自由取用遭過度剝削，其所產生的負面影響，被轉嫁給所有使用資源的人來承擔，而當有限資源的使用者過多，將

嚴格自利作風行事。根據他的說法，總會有人過度放牧或破壞水源，於是集體牧場終究不敵自私自利，變得對每個人都毫無用處。因此，在他的觀念中，土地應該私有化而不是共同持有，必須將共同持有的豐富資源轉變為個人財產，才能防止這種悲劇發生。

已經有人利用這個強而有力的論述作為理由，將一度被視為共享禮物的東西商品化。但是，如果這個理論是錯的，那該怎麼辦？如果有一個不同的故事，而且是私有化掠奪者急欲抹煞的故事呢？

經濟學家伊莉諾．歐斯壯（Elinor Ostrom）提出了開創性的論述，認為土地沒有國家干預或市場經濟的情況下，也能維持這些共同持有的資源。她的想法抵觸了長期以來的理論，證明集體行動、信任與合作，可以為土地和人民帶來共同福祉，而不會使共同持有的資源劣化。歐斯壯博士還因為這項對經濟學說的挑戰，獲得諾貝爾經濟學獎。這是植物學家會喜歡的經濟學！

## 共享的相互義務

歐斯壯博士的研究源自於她對社區土地管理制度的仔細觀察，殖民資本家認為這些制度很原始，因為他們似乎並不重視或實行私有財產的累積。早在資本主義興起之前，人類在歷史上有很長一段時間都將土地視為富饒的共同來源，每個人都共享土地，並滿足自己的需求。然而這並不是放任無限制的消費，而是從個人行為到國際協議的各個層面，都存在相互義務。

比方說，在我的家鄉——森林茂密的五大湖區——原住民族為我們共同的領土制定了今天所謂的「資源管理計畫」。早在殖民屯墾之前，長屋族聯盟（Haudenosaunee Confederacy）在今天名為紐約州的土地上與五大湖區的阿尼希納貝民族達成了協議，也就是眾所周知的「一匙菜條約」（Dish with One Spoon Treaty）。這次談判體現了雙方的共識，認為土地為兩個民族提供狩獵場地和各種資源，是大地之母賜給我們的一盤菜餚，始終盛滿了我們生活所需的一切，必須視為一份禮物，所以也必須由眾人共享。這項協議涉及多個原住民族，但是每人只能取用「一匙」，而不是有些人拿得多、有些人拿得少。這是一份共享協議，大家也必須共同承擔照顧責任。

許多原住民文化中，也有個人從土地取得資源的協議。這些古老的準則稱為「榮譽收成」（Honorable Harvest），旨在限制粗暴消費，確保這盤菜餚能夠永遠持盈保泰。我聽說這些道德規範本身就是人類與鹿人、熊人、魚人和植物人之間達成永恆協議的結果，這些非人類的親戚同意分享它們的生命禮物來維持人類的生命；而人類則遵守克制、尊重和互惠的協議作為回報。我猜這些倫理觀也是因為犯錯並承受生態後果而產生的。我想知道我們是否會再次學到教訓。

如果我們將地球視為一個巨大的倉庫，只是一個裡面裝滿商品的物品，那麼我們就宣示了某種特權，認為自己可以剝削自以為擁有的東西。在這種財產物質心態下，我們如何消費並不重要，因為那些東西無非只是物品，而且這些物品全屬於我們所有。於是消費沒有道德約束，最後發現自己淪落到一個生態和精神枯竭的時代。

然而，在視土地為禮物的世界觀中，賜予者是「某個人」而不是「某件東西」，這讓消費者面臨道德難題。人類必須消費，因為我們是動物，並未獲得能夠進行光合作用這項禮物，可是，我們惡質的過度消費模式卻已經讓自己瀕臨災難邊緣。如果我們完全意識到自己只是接受了地球餽贈的禮物，而不是我們掙來的，那麼在消費時會是什麼樣子呢？會適度而謙虛地消費嗎？我們從小受到教誨，在收成時要有榮譽感，要秉持節制、尊重、崇敬和互惠的原則。

「榮譽收成」的準則通常不會訴諸文字，只是透過日常生活中的小動作不斷強化。不過，若是要我列舉出來的話，可能包括以下幾項：

- 了解別人照顧你的方式，這樣你才知道如何照顧他人。
- 要自我介紹。來要求生命時，必須負責任。
- 拿走東西之前，必須先徵求同意，並且恪遵得到的答覆。
- 不要拿第一個，也不要拿最後一個。
- 只拿走你需要的東西。
- 只拿別人給你的東西。
- 不要拿走一半以上，留一點給別人。

・收穫時以造成最小傷害為原則。

・要尊重獲得的東西，絕對不要浪費。

・要與人分享。

・要為獲得的東西表達謝意。

・收了東西就要回贈禮物，表示互惠。

・讓維持你生命的一切保持永續，地球就能持續到永遠。

# 06 由禮物創造的關係

我花了一輩子時間問道於植物，尋求許多問題的答案。所以我想知道服事莓對創造和分配商品與服務的體系有什麼看法？它們的經濟制度如何？又是如何應對富饒與匱乏的問題？它們的演化過程將其形塑成囤積者或分享者？

觀察生物世界並從其模式汲取靈感來改善人類生活方式，是原住民科學的重要元素。這種做法承認有人類自身以外的智慧存在，而我們可以向其學習。這種古老的知識創造模式，如今體現在新興的仿生學中。生物學家珍妮・班亞斯（Janine Benyus）等思想家正引領一場革命，研究如何重新構想我們的經濟和社會制度，使其與自然原則相協調，而非對抗。

我們來問問薩斯卡通莓吧。這些三公尺高的樹木是這個經濟的生產者，它們利用陽光、水分和空氣等免費的原料，將這些禮物轉化為樹葉、花朵和果實。它們的身體在生長成形的過程中，將能量以糖分的形式儲存在體內，不過大部分都還是與他人分享。充足的春雨和陽光有一部分會以花朵的形式呈現出來，在寒冷多雨的季節，這些花朵成了昆蟲飽餐一頓的盛宴，昆蟲則以攜帶花粉來回報它們的慷慨。薩斯卡通莓很少面臨食物供應短缺的情況，但是流動性卻很低；反之，傳授花粉的昆蟲擁有移動的天賦，不過缺乏支持牠們嗡嗡嗡到處飛所需要的能量。於是，樹木與昆蟲建立了雙方互利的交換關係。

在炎炎夏日，當枝頭掛滿果實，服事莓會產生大量的糖。但是它們會將能量囤積起來自己獨享嗎？當然不會，它們邀請鳥兒來參加盛宴。服事莓說：來吧，我的親戚們，盡情享用，填飽你們的肚子。它們不正是把肉儲存在自己兄弟姊妹——那些樫鳥（Jay）、鶇鳥（Thrasher）和知更鳥——的肚子裡嗎？

這難道不是經濟？一種滿足社區需求的商品與服務分配體系。這個經濟體系的貨幣是能量與原料，前者貫穿整個體系，後者則在生產者和消費者之間循環。這是一個財富重新分配、商品與服務交換的體系，其中每個成員都有某種豐沛的資源，可以提供給其他成員。樹木將大量莓果送給了鳥兒——因為除了與鳥兒建立關係之外，莓果對樹木來說還有什麼用途呢？

吃了太多莓果對鳥類和人類一樣，都有同樣的影響，也就是噴濺在柵欄柱上的紫紅色斑點。這當然就是莓果的生命意義——讓自己變得如此豐富而誘人，吸引鳥兒來飽餐一頓，就像今天晚上我們這些採莓人一樣，然後將種子傳播得又遠又廣。大吃特吃還有另外一個好處。種子經過鳥類腸道時會遭到破壞，可以刺激種子發芽。這些鳥兒為服事莓提供服務，而服事莓則提供食物給牠們作為回報。這種由禮物所創造的關係，編織出昆蟲、微生物和植物根系之間的無數關係網絡。每一次的贈與都會讓這份禮物倍增，直到最後的回報變得如此豐富又甜蜜，就像早晨叫醒我的鳥鳴一樣汩汩地流瀉而出。如果這樣的富饒被囤積起來，如果六月莓只是為了自己的利益而行動，那麼森林就會減少。

## ・囤積救不了我們

這讓我想起偷走免費農產攤位的那個人。當時我們一笑置之，認為這是一個誤會，沒什麼了不起的後果。然而，聲稱獲得許可將免費禮物轉為私有財產、掠奪社區以謀取個人利益的心態，確實可能造成最嚴重的後果。我們這位小偷應該要有個名字，姑且就叫他達倫吧，以埃克森美孚石油公司（ExxonMobil）執行長的名字命名。我們常將資本主義的殘酷後果歸咎於「制度」。考量到箇中複雜的分層互動關係，這種說法有其優點，但不能成為開脫的藉口。我們要記住，這個「制度」是由個人——相對少數的一小群人——所領導的，他們有名有姓，擁有比上帝更多的錢，當然也懷抱更少的同情心。他們坐在董事會裡，決定利用化石燃料來獲取短期利益，卻讓地球發高燒。他們知道科學原理，也知道後果，不過卻還是跟往常一樣繼續進行生態滅絕的工作，而且無論如何都堅持要這麼做。我覺得他們的行為就像農場攤位小偷達倫或是地球破壞者達倫一樣傲慢。他們都是小偷，趁著我們分送櫛瓜時，偷走了我們的未來。

我並非刻意貶抑我們甜蜜的禮物經濟，忽視其重要性；正好相反，禮物經濟象徵著土地可能提供的豐富資源，與過去所謂的「當個好鄰居」結合在一起。我們的人數遠比達倫的人數還要多，在我們認知的權力中，屬於一種不對稱的結構。

現在的經濟體制將美麗而獨特的東西輾磨成美元，將禮物用貨幣的形式轉變成商品，讓我們去購買那些其實並不是真正需要的東西，反而破壞了我們所做的事情。我為自己陷身這樣的經濟感到痛心。

服事莓向我們展示了另一種模式，一種基於互惠而不是囤積的模式，其中財富與安全來自我們的關係品質，而不是自給自足的幻想。服事莓若是沒有跟蜜蜂和鳥類產生禮物關係，就會從地球上消失。就算它們囤積了豐富的能量，登上了財富階梯的頂端，如果它們的夥伴不分享這樣的富饒，它們也無法避免滅絕的命運。囤積救不了我們，甚至也救不了達倫。所有繁茂興盛都是互惠的結果。

當我看到知更鳥和雪松太平鳥填飽肚子時，也看到了一種禮物經濟，其中的富饒全都儲存在「我兄弟的肚子裡」。對於服事莓與整個食物鏈上下游所有物種的福祉來說，最重要的環節莫過於支持生機勃勃的鳥類族群。對於樹木這些不能移動又長壽的生物來說，這似乎格外重要，因為它們無法從破裂的關係出走。唯有跟你所處的社群孕育出牢固的情分，才有可能繁榮興盛。

## 服事莓經濟學：一個互利共生的演化模型

身為植物生態學家，我想知道像瓦萊莉這樣的經濟學家是否會將服事莓的商品和服務分配體系視為禮物經濟？我想知道自然系統是否可以類比經濟體系？我們是否可以採用某種仿生學來設計可以同時造福人類和非人類的交換體系？

「可以！」瓦萊莉說道，彷彿她等這個問題已經等了很久似的。「當然可以拿自然系統類比經濟體系。」這也是仿生學的前提。

像瓦萊莉這樣的生態經濟學家，其專精領域正是想像一個以生態系統為模型的人類經濟。生態經濟學家研究我們如何建立一個既滿足公民需求、又符合生態原則的經濟體系，以實現人類和地球的長期永續發展。瓦萊莉說：「生態經濟學的興起，是因為我們觀察到新古典經濟研究方法（如何）無法滿足每一個人，同時又沒有充分考量到支持我們生命的生態系統。我們創建的體系讓人先認同自己為消費者，然後再理解自己為生態系統內的公民。在生態經濟學中，重點是創造一種經濟，提供一個公正又永續的未來，讓人類生命和非人類生命都能繁榮發展。」

那麼，服事莓能教我們什麼呢？她答道：「服事莓，或是我知道的鰣魚灌木莓，提供了一個相互依存和共同演化的模型，正是生態經濟學的核心。服事莓教我們理解關係和交換的另一種方式。以服事莓經濟作為我們的經濟模型，提供了一個機會，闡明感恩和互惠作為經濟重要基礎的價值。」是互惠，而非匱乏。

我從小就參與感恩的傳統文化，如今手裡提著一桶莓果，始終未能完全理解人類經濟學的一些東西，也就是稀少性何以能成為經濟學的首要組織原則？

我在學校研習植物，手指沾滿莓果汁液，實在不願意看到匱乏扮演如此重要的角色。禮物經濟源自理解到地球富饒以及因此產生的感恩之情，基於「只要分享就一定足夠」的理念，富饒的觀念成了相互支持的經濟支柱。

瓦萊莉指出，甚至連生態學家也在重新評估原本的假設，也就是激烈的競爭是調節演化成功的主要力量。演化生物學家大衛・史隆・威爾森（David Sloan Wilson）發現，只有當我們以個體為單位在考量演化時，競爭才有意義。當焦點轉移到群體層面時，合作會是一種更好的模式，不僅有助於生存，更有助於繁榮。在最近的一次訪談中，作家理察・鮑爾斯（Richard Powers）評論道：「生物的每一個層面都存在共生關係，你無法與你賴以生存的生物進行零和遊戲的競爭。」服事莓從很久以前就發現到這一點，我們人類需要迎頭趕上。然而，我們的運作卻還是持續以競爭為基礎。

## 迴避競爭反而驅動生物多樣性

所有生物都會在不同的階段經歷某種程度的匱乏，因此會彼此競爭有限的資源（如光、水或土壤中的氮），這一點毫無疑問。然而，由於競爭降低了相關各方的承載能力，天擇自然會偏好那些能夠避免競爭的物種。實現這種迴避的做法，通常是轉移需求，不再需要那些供給短缺的物質，正如同進化論所說的：「如果你想要的東西不足，那就去要點別的。」這種避免匱乏的特化發展出一系列令人眼花撩亂的生物多樣性，各個物種都藉由與眾不同來避免競爭。生物多樣性成了一劑解藥。

有些演化生物學家可能會拒絕這樣的觀點，將服事莓的生活方式定義為透過天擇將自身利益最大化，這與市場經濟學家的論述相同。長期以來，個體之間的成功競爭一直被視為生態學和經濟學的驅動力。科學、政治和經濟學都競相採用來自大自然的隱喻，反映了社會態度，也反映了生態現實。但是這種方法受到愈來愈多的質疑，也有愈來愈多的科學證據顯示，互利合作也在演化和增進生態福祉中發揮著重要作用，特別是在不斷變化的環境中。互利共生或互惠交換藉由分享為合作夥伴雙方創造了富饒。

服事莓不僅在地上與合作夥伴形成授粉和傳播的網絡，同時也在地下與菌根真菌和其他微生物社群的資源交換網絡連結在一起。也許是受到公地悲劇觀點的灌輸，我們過去常常認為這些真菌正在從樹木「竊取」養分，但是經過仔細觀察之後，這些養分似乎可以在互惠網絡中自由贈與。

如果匱乏只是一種文化構念（construct），一種將我們與更好的生活方式隔絕的虛構，那該怎麼辨呢？我在研究服事莓經濟學時，看到的不是匱乏，而是共享的富饒：光合作用通常不會短缺，因為陽光和空氣是可以永久再生的資源。當然，有時候雨水會不足，這種稀少性肯定會波及關係網絡。當雨水不來的時候，這才是真正的匱乏。這是一種實質的限制，會帶來共同的影響和損失，就像共享的富饒一樣。這種由自然波動所產生的匱乏並不會讓我太傷腦筋。

真正讓我無法接受的是人為的匱乏。為了讓資本主義市場經濟發揮作用，就必須有所匱乏，而該制度設計的目的，就是在實際上並不虞匱乏時創造出匱乏。因為從幾十年前在高中接觸到經濟學以後，我就沒有再對經濟學思考太多，所以到現在才意識到原來自己只是被動接受了稀少性原則，彷彿那是一個自然事實一樣。

## ・市場經濟的稀少性操作

我試著從經濟學家的角度——而不是生態學家——來思

考自己的理解。為了賺錢，必須有商品可以買賣。這些商品愈稀少，成本就愈高，因此收入就愈豐厚。所以，我想我確實明白這一點：市場經濟要求將豐富且免費提供的地球禮物轉化成商品，並藉由私有化而變得稀少，然後再高價售出。這聽起來好像很瘋狂，所以讓我用純淨、美麗的水——來自天空的禮物——為例，測試我的理解。以前，我們很難想像要花錢買水喝，但是由於不經意的經濟擴張污染了淡水，我們現在鼓勵將泉水和含水層私有化。甜美的水原本是地球免費賜予的禮物，現在卻被一些面目模糊的企業偷走，將水裝在塑膠容器出售。現在許多人買不起以前免費的東西，但是我們鼓勵破壞公共水域來創造對私有化水域的需求。要促使人們跟企業購買瓶裝水，除了從水龍頭流出來的水受汙染之外，還有什麼更令人信服的途徑？

相形之下，在世界各地的原住民社會中，禮物經濟的遺緒依然存在，水是神聖的，人類有道德責任要好好照顧水，保持水的流動。這是一份禮物，所有人都可以分享，而擁有水的想法是在嘲弄生態與道德。路易士．海德寫道：「為禮物賦予市場價值，等於是毀掉禮物。」

繼續效忠這種基於製造匱乏競爭的經濟，而不是以自然富饒為中心的合作，反而讓我們面臨製造出真正匱乏的危險，從食物、清潔水源、可吸入的乾淨空氣與肥沃土壤都日益短缺，在在顯而易見。氣候變遷是這種剝削性經濟的產物，迫使我們不可避免地面對消費型生活方式所造成的後果：真正的匱乏，而市場卻提不出任何解救措施。

原住民的禮物經濟哲學以我們將禮物傳承下去為基礎，無法容忍因囤積造成的人為匱乏。事實上，波塔瓦托米文化中有個「怪物」叫做「溫迪戈」（Windigo），他的毛病就是拿得太多卻分享得太少。溫迪戈是個食人魔，永遠都吃不飽，於是吞噬掉整個世界。溫迪戈鼓勵個人累積遠遠超出「足夠」的滿足感，進而危及整個社群的生存。當代的溫迪戈為了累積金錢而蠶食生命，他們需要自己的名字。或許叫他們「達倫」更貼切一點。

# 07 在市場經濟之外

真正的匱乏危機正逐漸逼近我們，其根源正是無節制的資本主義。人類的榨取與消費速度已遠遠超過地球補充資源的能力，但無限擴大成長是不可能的，建立在這個成長前提上的經濟模式，正帶著我們走向噩夢般的未來。每當聽到經濟報告讚揚經濟成長加速，總是讓我不寒而慄，彷彿那是一件好事。或許對那些「達倫」來說短期內是有利的，但對其他人而言，這是死路一條，是推進滅絕的引擎。

在寫作的過程中——也就是當我奮力想像服事莓模式與古老的禮物經濟如何幫助我們構想出一條生路，好擺脫你爭我奪的資本主義，避免必然的互相毀滅時——曾經一度需要喘息一下，暫時遠離向我逼近的溫迪戈陰影。所幸，鄰居寶莉的簡訊打斷了我的思緒。寶莉邀請我去她的農場採摘莓果，彷彿她從山谷的另一邊聽到了我的煩惱。服事莓，而且是免費的。雙重刺激將我從書桌推向了果園。

寶莉與艾德．德瑞克斯勒經營泉畔農場（Springside Farm）。我從這裡可以看到一排排的聖誕樹、玉米迷宮和南瓜田。寶莉在果園栽種作物時，會考量到可以銷售的商品，這是她作為本地小農的一部分收入來源；另外一種創新做法，則是「付費自採」，這可能也有利可圖。不過那天她邀請鄰居來免費採果。她的勞力與開支並不是免費的：耕作、灌溉和行銷都需要真金白銀，這些樹要花錢，艾德用割草機在田間割草也要花錢買汽油——服事莓不會自食其力。

她邀請我們來用桶子裝滿這些過量的甜蜜，這會讓她失去投資回報。她不遵守資本主義市場經濟的規則，因為她的行為並沒有將她的利潤最大化。真是太不像美國作風了。

她的莓果一下子就從電腦表單上的商品欄，滾進了一個綁著絲帶的盒子裡，名為「禮物」。莓果一點也沒有變：它們仍然甜美多汁，富含抗氧化劑。農場也沒有變：這是一家小型的家庭式農場，採多角化經營，生產多種農產品——從早春羔羊到聖誕樹——全年都能創造收入。唯一的改變是並未要求前來採果的人，在穀倉門邊的咖啡罐放進綠色的紙鈔。

我問她為什麼這樣做，尤其是在新冠疫情期間，每家小型企業都面臨困難，努力維持收支平衡。「嗯，」她說：「它們長了這麼多。有足夠的莓果可以分享，現在的人也需要在生活中享受一點美好的事物。」人們在微涼的午後前來採摘莓果，各自在成排樹叢的兩端保持社交距離，彼此隔離，卻又因為手指從灌木叢移動到桶子——還有嘴巴——的節奏而有所聯繫。「現在每個人都很悲傷，」她說：「但是在果園裡，我聽到的都是快樂的聲音。能夠給人一點點快樂，這樣的感覺很好。」

可是，這也是一種教育，她說。大多數人還不知道六月莓，將它們送出去，就是邀請大家來嘗嘗莓果的滋味。現在，這些莓果被用來製作餡餅和果醬，塞滿你的嘴，被盛讚為土地賜予的禮物，但是在市場經濟中卻鮮為人知。寶莉說，她的目標純粹只是讓人第一次嘗到六月莓，剩下的就要靠莓果自己去努力了。

## ・善意的儲存與延伸

寶莉面對生活的態度向來以務實嚴肅聞名，因此她進一步解釋。「這並不是真正的利他主義，」她堅稱：「對社群的投資總會以某種方式回報給你。也許來吃服事莓的人會回來買向日葵，然後再買藍莓。當然，這是一份禮物，不過也是一次很好的行銷。禮物可以建立關係，這總是一件好事，也是我們在這裡真正創造的東西——人與人彼此之間以及人與農場之間的關係。」接下來，關係的貨幣也可以用金錢的形式表現，畢竟寶莉與艾德確實必須支付帳單。免費的莓果可能會轉譯成更好的南瓜銷量，因為人們總是會想要回到與他們有關係的地方消費。「人們覺得他們獲得的東西比付出的更多，」她解釋道：「他們認識了一種新的食物，或者看著孩子們在乾草堆爬上爬下。」良好的感受才是真正的附加價值。即使是花錢買了某些商品，依然有從關係衍生的禮物攀附其中。

然而，在餽贈中延續的互惠關係並不止於下一位顧客，而是延伸到整個非交易性的關係網絡。寶莉與艾德儲存的善意，也就是所謂的社會資本。「被稱為公民總是很有價值的。」她說。

如果有人忘了關門，導致她的羊闖進了我的花園，那麼就會有一個善意的緩衝，就算羊吃掉了花園的大理花，也會得到諒解。「在我看來，」她說：「人總歸比事物更重要。就像農民喜歡講那句老話：『沒有農民，你會沒有衣服穿、沒有東西吃，也沒有酒可以喝。』但是這句話反過來說也是一樣：沒有好鄰居，你會孤獨，而且這還更糟。」

如果顧客開始重視成熟莓果的氣味，珍視在牧場上看到羔羊的景色以及孩子們在乾草堆爬上爬下的記憶，他們可能會在下次選舉中投票支持農地保留公債。這是一桶免費莓果帶來的豐厚投資回報。

我珍惜禮物經濟的概念，讓我們遠離令人難以忍受的經濟體系，因為這樣的體系將一切都變成了商品，讓我們大多數人失去了真正想要的東西：永遠都無法商品化的一種歸屬感、關係、目的與美好。我想成為這種體系的一分子，在其中，財富意味著有足夠的東西可以分享，可以心安理得地滿足家人的需求，因為你的滿足並不會破壞其他人的滿足。我想生活在這樣一個社會：交換的貨幣是感恩，善意是可以無限再生的資源，每次分享都會倍增，而不是隨著使用而貶值。

## ・人類經濟的下一階段

研究禮物經濟的人類學家發現，禮物經濟在小而關係緊密的社會中運作良好。你可能早就觀察到：我們生活的社會不再是小

村，追求人與自然和諧共存，也有的是接待邊緣社群，講求人人在群體中互助。相關例子如美國的跳舞兔子生態村、台灣的人子一家村共生聚落和匠愛家園。[ 編註 ]

而緊密，我們的關係也不再由慷慨和相互尊重構建。但是我們可以做到。我們有能力在市場經濟之外創造這種相互依存的網絡，或許這就是我們從食人經濟中解放出來的方式。相互依存、自力更生、對等互惠的意識社區（intentional community）[7]是未來的潮流，其貨幣是共享。朝向在地食物經濟邁進不僅涉及食材的新鮮度、食品里程、碳足跡和土壤有機質——所有這些當然都息息相關，但是其中更涉及人類對聯繫與榮譽的深切渴望，想要對獲贈禮物給予回報。

這種安排滿足了我們渴望卻用錢買不到的人類真正需求：因為你獨特的天賦而受到重視，因為你的人格品質——而不是你的財產數量——贏得鄰居的尊重；重要的是你給予了什麼，而

7 **意識社區 intentional community**：由一群懷抱共同願景的人們，透過團隊合作創造而凝聚形成的社區聚落，其居民通常擁有類似的社會、政治、宗教或靈性的理念，以合作、共享為基礎，締造一套異於主流文化的共同生活系統，通常擁有共同財產與社區責任，居住在共同住宅中。意識社區的形式與內容多元，較為人知的是生態

不是擁有什麼。

我認為市場資本主義並不會消失，因為有諸多匿名機構從中獲利，它們的利益盤根錯結，難以撼動。盜賊的力量非常強大。但是我認為，我們可以制定激勵措施來培育與市場經濟並行的禮物經濟，這樣的想像並非天馬行空。畢竟，我們渴望的不是涓滴式的、匿名的利潤，而是互惠的、面對面的關係，這種關係原本自然富饒，卻由於大規模經濟的匿名性而變得稀有。我們有能力改變現狀，發展服務社區而不是破壞社區的地方互惠經濟。

查爾斯．愛森斯坦在《神聖經濟學》中反思了生態系統的經濟：「在自然界，不成熟的生態系統以急速成長和全面競爭為特徵，之後才是複雜的相互依存、共生、合作和資源循環。人類

續、經濟發展、社會安全、正義等層面，例如資助潔淨能源科技等。不過，二〇二五年美國總統川普就職後宣布廢除拜登政府的綠色新政。[ 編註 ]

經濟的下一階段將類似我們開始慢慢理解的自然。這將激發我們每個人的天賦，強調合作而非競爭，鼓勵流通而非囤積，會是週期性的發展，而非線性發展。金錢可能不會很快消失，不過作用將會減弱，即使是承擔了更多禮物的屬性。經濟將會萎縮，但是我們的生命卻會成長。」

你知道，免費農產攤位的小小傳奇讓我們瞥見了未來的可能性。沒錯，攤位被人拿走了，將禮物「私有化」——也就是俗稱的盜竊——擾亂了新生的禮物經濟。但是，隔年春天，當地一名鷹級童子軍自願打造一個新的攤位。事實上，他還計劃製作好幾個，放在社區各處，以便免費分享蔬菜。小小的免費圖書館旁將設置小小的免費農產攤位。他正在顛覆市場經濟模式，並因

8 **綠色新政 Green New Deal**：綠色新政是歐盟、英、美、日、韓等全球主要國家自二〇一九年起，為對抗氣候危機所擬定的整套策略與行動藍圖。「新政」的概念始於一九三〇年代美國羅斯福總統因應經濟大蕭條而推行的一系列改革政策，綠色新政以二〇五〇年淨零排放為中長期目標，由政府推動經濟轉型，兼顧環境永

支持替代方案而贏得讚賞。種植者不再需要將多餘的櫛瓜偷偷塞進陌生人的信箱，而是儲存在鄰居的肚子裡。

## · 植物群落的生存教誨

我一直在學習更多有關生態經濟學的知識，評估生態系統服務、仿生學、氣候正義提案、綠色新政（Green New Deal）[8]的氣候金融（climate finance）[9]、能源貨幣（energy currencies）[10]和B型企業（B Corps）[11]等等——倒不是我想做這些事。對我來說，這種語言就像植物學術語對經濟學家來說一樣晦澀難懂。我對那些有先知卓見、支持再生經濟[12]的人了解得愈多，就愈是對這些傑出人士心存感恩，因為他們致力於建構一個不同的體系，一個代

正和平衡。目前氣候金融的治理結構已形成一個多元複雜的體系，涵蓋從聯合國單位到各國國家級或地方級以及民間企業或慈善等援助機構。[ 編註 ]

表宜居未來的體系。

經濟學家凱特．拉沃斯（Kate Raworth）著名的「甜甜圈經濟學」（Doughnut Economics）模型浮現在我的腦海中。她挑戰當代經濟學有瑕疵的假設，提出了一種新的經濟模式：以生態限度為上限，以社會正義為基礎。她寫道，繁榮不僅僅是滿足基本的物質需求，還包括社區歸屬感、互相支持及平等等無形之物。真正的財富遠不止是國民生產毛額能衡量的，市場也並非經濟價值的唯一來源。她呼籲決策者重視公共土地、綠地、生物多樣性的價值。她的模型還納入了無償勞動的「生產力」，例如家庭照護、志願服務、種植花園——這些繁榮的要素永遠不會出現在商業試算表上，但對我們的福祉卻至關重要。

9 **氣候金融 climate finance**：以低碳或氣候適應力的建設為目標的資金流動，由發展程度較高的國家，將優惠貸款或補助等資源，流通至發展程度較低的國家，以期減緩全球的氣候變遷。一九九四年生效的《聯合國氣候變化綱要公約》為氣候金融建立了一套基本框架及融資機制，並強調氣候資金的治理必須透明，讓所有締約方均享有公

同樣地，凱瑟琳・科林斯（Katherine Collins）也成為推動循環經濟投資策略的積極倡導者。她在商業職涯中跨出了非同尋常的一步——去神學院學習，因此她的價值用詞跟金融語言同樣強大，讓我也很有興趣聽。在我看來，這些思想家深受自然的啟發，那些是服事莓早已知道並展示給我們的智慧，還有楓樹、香蒲和蒲公英的啟示。但我們卻用自己創造的方程式取代了它們的智慧。當我得知拉沃斯博士現在將「榮譽收成」的理念納入她在牛津大學的經濟學課程時，我感到非常欣慰。變革正在來臨。

在氣候災難迫在眉睫的緊急時刻，我們需要迅速轉向去碳化經濟（decarbonized economy），這對我們現有的生活至關重要。有位部落族人寫道：「如果經濟需要人類消耗掉超過地球可以補

幣，貨幣價值取決於產生或消耗的能量，如太陽幣、能源代幣；能源信用額度，企業或個人透過生產可再生能源來獲取積分再用於交易或支付。[ 編註 ]

充的更多資源，只是為了防止整個體系崩潰，那麼不就是到了該建立新經濟的時候嗎？」她的想法於我心有戚戚焉。但是，新的體系要如何取代盤根錯節的舊體系呢？

身為植物學家，我知道在田野和森林的世界裡存在著指引。植物群落一直在變化，不斷地彼此取代，形成一種動態的拼貼，我們稱之為生態演替。植物群落其實是不斷地在改變，與所謂「原始森林」的刻板印象相去甚遠。從鳥瞰的角度往下看，這片「連綿不斷的森林」其實是由不同樹齡和不同經驗的林分拼湊而成的。火災、山崩、洪水、風暴、蟲害爆發、病害以及人為災難等等，都以不可預測的方式破壞了這片綠色大地——但是也引起了在某種程度上可以預測的反應。通常，一次重大的騷動會

10 **能源貨幣 energy currencies**：一種以能源作為價值基礎的貨幣形式，其概念來自於能源的普遍性和有限性，比傳統貨幣更能代表實際經濟價值，因為所有的經濟活動都依賴能源的供應與消耗，希望藉此提供一種替代方案，改革經濟以符合地球生態的長遠利益。其運作方式包括：能源標準貨幣，以能源單位（如焦耳）為貨幣單位；加密數位貨

清除掉以前的森林，從而產生一個缺口，這裡有充足的陽光，受到擾動的土壤和豐富的資源，因為以前的居民現在都已經不復存在了。快速生長的物種會高密度地殖民佔據這些地方，試圖充分利用短暫的有利條件。這些先鋒物種是機會主義者，具有消耗資源、排擠其他物種和瘋狂繁殖的特徵。總之，一切都只關注「我，我，我」，只投資在自己的倍數增長，從不考慮未來、它們的親戚或長遠生命。聽起來很熟悉嗎？這是一塊成長快速的雜草田，或是一片白楊樹林。大規模騷動後的殖民植物迅速主宰了這片土地，就如同在殖民和取代「原生栽培」的年代，來自歐洲的美國人所做的事情。然而，這些殖民植物發現自己無法以這樣的速度持續成長，消耗資源，因為它們的資源開始耗盡，過度密集的族群可能導致疾病襲擊，競爭開始限制它們的生長。事

證的B型企業兼顧獲利、公平、共益，目前全球已有來自逾一百個國家、超過九千家企業獲得認證，台灣也有超過五十家。[ 編註 ]

實上，它們的行為加快了自身的更替。它們瘋狂生長，吸取養分，並營造更穩定的環境，使後繼者得以茁壯成長。逐漸地，它們開始被取而代之。

接下來的物種則不一樣，它們在資源受限的世界成長得比較緩慢，環境壓力也會激勵它們在競爭之外培養合作關係。任何物種若是要想生存，就一定要用互惠和循環補給，取代殖民的壓榨剝削行徑。新住民不追求短期利潤，堅持長期投資，這樣的社群稱為「成熟」和可持續的社群，與前一代殖民植物的幼稚行徑形成鮮明對比。這種從剝削到互惠、從追求個人利益到追求共同利益的轉變，與殖民人類社會必須經歷的轉變相類似，如果我們想要在未來蓬勃發展，就一定要有這樣的轉變：從囤積到流通，

11 **B型企業B Corps**：為美國非營利組織B型實驗室（B Lab）所發起的企業國際認證，目標是要使人們的商業活動發揮對社會及環境的正面影響力，其透過「商業影響力評估」作為標準工具，針對企業的公司治理、員工照顧、環境友善、社區扶植、客戶關係等五大面向，依所在市場、產業類別及員工人數規模進行客製化的量化評估。獲認

從獨立到相互依存，從傷害到療癒。

## ・轉型工具：漸進式變革、創造性干擾

那麼，體系要如何改變呢？要如何才能走向我們需要和想要的公正社群？生態替換的自然過程凸顯了兩種發揮作用的機制，取代了原本主導景觀又好像大到無法改變的複雜體系。演替在某種程度上依賴漸進式變革，以新的群體緩慢而穩定地取代不利於生態繁榮的群體，可是這個過程也必須仰賴干擾，唯有破壞現狀，才能讓新的物種出現並開花結果。一些大規模的騷動具有毀滅性，可能造成無法恢復的破壞；至於其他適當規模、適當類型的干擾，則會帶來更新，創造多樣性。原住民的土地管理依賴

僅是減少對環境的破壞，更要積極修復、恢復和增強生態系統與社會福祉。其應用如「搖籃到搖籃」的產品及系統設計、分散式再生能源、土壤碳儲存等。[ 編註 ]

人類使用精心校準的干擾類型，在不同的恢復階段創造出一個適合生命發展的拼貼環境，這些干擾在新物種和主導物種之間造成了差距、缺口和邊緣。我希望在霸道的市場經濟中創造出某種空隙，培育新興的禮物經濟。

這兩種工具——漸進式變革與創造性干擾——可供我們作為文化轉型的媒介。我希望這兩個工具都能派上用場。在這個緊急時刻，我們需要化身為一場風暴，推翻老化的、破壞性的經濟體，以便新的經濟體可以出現。新舊兩種生態系統交會處的縫隙邊緣，或生態過渡帶，往往是一個最具多樣化和也最富有生產力的生態系統，長滿了各類莓果，還有各種鳥類聚居。有些物種既不生活在新的生態系統，也不在舊的系統，而是生活在邊

12 **再生經濟 regenerative economy**：一種以生命為中心的經濟模式，超越傳統「永續」概念。這種經濟體系仿效自然生態系統自我維持動態平衡的運作方式，將所有產業、資源和社會結構視為一相互關聯的系統，強調循環、韌性、適應性、公平和長期繁榮，要讓「再生活力」內建於所有經濟活動中，並與自然環境形成共生關係。它不僅

緣。這裡正是雪松太平鳥的家園和服事莓的王國。

眾家達倫的榨取式資本主義經濟，濫用大地之母的恩賜，是對大自然的犯罪。我認為偷竊行為必須受到法律制裁，因此我們需要選出相信法治的領導人。化石燃料經濟正在推進海洋酸化、森林消失，導致大規模滅絕，而且還造成致命熱浪和難以言喻的人類痛苦。雪松太平鳥和服事莓在瀕危物種的名單中排名第幾呢？我不免為我甜蜜綠色山谷的福祉和小農的生計感到憂心。

大地已經變得太過寂靜。若我們的福祉衡量標準包含鳥鳴聲、夏日晚間蟋蟀的合唱，以及鄰里間隔著馬路的呼喚，那會如何呢？

我從鄰居的範例中看到各種經濟拼貼的潛力。沒錯，他們必須支付帳單，這是市場經濟的一部分，但是他們同時也參與了禮物經濟。他們在售出的每件產品中添加了一些無法商品化的東西，因此變得更有價值。來到他們農場的人是為了一種與土地的聯繫感，與農民一起開懷大笑，因為他們珍惜的是秋天的風清氣爽——而不是為了南瓜這種商品，畢竟他們在任何地方都買得到。禮物經濟更有趣、更令人滿足，就像泉畔農場的六月莓鬆餅一樣營養豐富，而且還有人會偷偷把櫛瓜放進停放的車輛裡。我一直相信那些擁有更多快樂的人會贏得勝利，或許這會拉近我們和達倫之間的權力差距。喜樂和正義都站在我們這邊。莓果也是。

艾德和寶莉在這裡還種了其他種類的莓果，他們盛夏時節的藍莓鬆餅早餐很有名，吸引鄰里前來農場共聚。當莓果「撲通」

掉進我的桶子裡時，我不禁回想起自己長久以來的信念——採摘莓果是與生態世界建立終生情誼的第一步。我親眼見過這種轉變。帶學生外出時，有些人總是拘謹克制，對於禮物思維，眼神中帶著難以掩飾的懷疑。他們對學校的活動態度冷淡，絕不可能把一片野冬青葉放進嘴裡。但當我們走到覆盆莓樹叢前，我知道他們的防備終將卸下。看到一顆野生莓果垂掛在枝頭，就等著他們用手指摘下送入口中，這一簡單的邂逅，總能鬆動他們心中某些固有認知，親身感受到禮物的存在。我開始認為，採摘莓果正是我們培養大批土地守護者所需的良藥。

我的一些家人更進一步。他們住在城市社區，周圍到處都有對孩子怒吼「別踩我家草坪」的老頑固。於是，他們將原本整潔的小院子改造成莓果園與花田，立起一塊歡迎牌，邀請附近的孩子們進來摘幾顆莓果，或是採一束鮮花帶回家。他們將「私有」的庭院轉變為共享空間，在這樣的禮物經濟中，以關係為貨幣，鄰里之間開始熟悉彼此的名字，甚至連那些脾氣暴躁的老頑固也不例外。「公地悲劇」最終變成了「社區富饒」，這種禮物經濟人人觸手可及，充滿顛覆性，又美味無比。

回饋這份禮物的再生經濟是唯一的前進道路。為了鳥類、莓果和人類共同繁榮的可能性，我們需要一種經濟，遵循我們最古老教師——植物——的引導，分享地球的恩賜。它們邀請我們所有人進入這個循環圈，以人類的天賦回報我們被贈與的一切。我們將如何回應呢？

# 邀請您加入禮物經濟

這是一本關於大自然禮物經濟的書，
作者將本書的預支稿費當作互惠的禮物捐贈出來，
回饋給土地，
用於土地的保護與復育，
還有支持療癒土地和人民的正義。
本著互惠禮物經濟的精神，
您可以考慮如何以自己的方式，
回饋地球贈與的禮物。

無論您的互惠貨幣是什麼——

可能是金錢、時間、能源、政治行動、藝術、

科學、教育、植樹、社區行動、復育、關懷行動，

無論大小——都是這個緊急時期所急需的。

**謹代表人類和地球，**

**邀請您成為禮物經濟的一員。**

# 謝詞

這世界上沒有什麼是我們可以獨自完成的。我必須感謝許多人，因為他們的想法與行動讓這本小書得以完成。泉畔農場的艾德和寶莉．德瑞克斯勒提供了他們美麗的觀光農場做為場地，邀請人們進一步了解土地的恩賜與好鄰居的禮物。感謝我的女婿戴夫耐心地與我談論經濟學，因為我對經濟學充其量只有最基本的理解。我的朋友瓦萊莉．盧薩迪斯博士總是提出洞見癥結的論述，跟她談話讓我受益良多。我的女兒拉金分享了小小免費農產攤位的故事，並希望攤位能夠恢復。我還要感謝米基．卡什坦和瑪蒂．盧斯塔洛（Madi Loustalot）跟我介紹了母系禮物經濟的語言——當然也要感謝我的母親和女兒們，因為她們就生活在其中。

這篇散文原本刊載在《嶄露雜誌》（*Emergence Magazine*），感謝其許可授權在此拓展篇幅並出版。我非常感謝麥克阿瑟基金會（MacArthur Foundation）的支持，幫助我騰出時間與空間來創作本書。很榮幸與我的編輯克里斯．理查茲（Chris Richards）合作，感謝您邀請我編寫這本小書。我要感謝插畫家約翰．伯格因的精美藝術作品。同時非常感謝Authors Unbound的克里斯蒂．辛里奇斯（Christie Hinrichs）、Aevitas Creative的莎拉．李維特（Sarah Levitt）以及Allen Lane的克蘿伊．克倫斯（Chloe Currens）的關心和指導。

每一天，我都感恩家人和朋友的愛、支持和激勵，是他們成就了我的生命。特別感謝鳥兒和莓果：G'chi megwech。

# 專有名詞對照

*A Paradise Built in Hell*《蓋在地獄裡的天堂》
Admiral 線蛺蝶
Amelanchier 唐棣屬
American Economic Association 美國經濟學會
Anishinaabe peoples 阿尼希納貝族
Bluebird 藍知更鳥
*Braiding Sweetgrass*《編織聖草》
Catbird 貓鳥
Cedar Waxwing 雪松太平鳥
Dish with One Spoon Treaty 一匙菜條約
Ed Drexler 艾德．德瑞克斯勒
ExxonMobil 埃克森美孚石油公司
*Gathering Moss*《三千分之一的森林》
Green New Deal 綠色新政
Hairstreak 小灰蝶
Haudenosaunee Confederacy 長屋族聯盟
*Indigenous Economics: Sustaining Peoples and Their Lands*《原住民經濟學：維護人民與土地》
intentional community 意識社區

Jay 樫鳥
Juneberry 六月莓
peer-to-peer lending 點對點網路借貸
Potawatomi Nation 波塔瓦托米民族
*Sacred Economics*《神聖經濟學》
Salish-Kootenai 薩利希—庫特奈族
Sarvis 薩維斯莓
Saskatoon 薩斯卡通莓
Serviceberry 服事莓
Shadblow 鰣魚花莓
Shadbush 鰣魚灌木莓
Sorbus 花楸屬
Springside Farm 泉畔農場
Sugarplum 糖李子
Thrasher 鶇鳥
Tiger Swallowtail 虎紋鳳蝶
U.S. Society for Ecological Economics 美國生態經濟學會
Viceroy 總督蝶

# 國際好評

- 「一次與大自然交流並培養彼此聯繫的冥想。一本輕薄短小卻引人深思的書。一本樂觀的書，相信人們有能力做正確的事。」——《華盛頓郵報》
- 「一本有深遠影響力的小書。」——美國廣播公司《早安美國》節目，「美國原住民傳統月必讀十大好書」
- 「一次動人的冥想，講述無私的樹木教導我們如何建立更公平的社會……為了一個有更高道德標準的經濟提出令人信服的論點。」——《時代》雜誌
- 「《禮物經濟》以抒情的呼喚，號召我們採取行動。」——《歐普拉日報》
- 「繼轟動文壇的《編織聖草》之後，基默爾將注意力轉移至服事莓，一種在其生態系統扮演關鍵角色的水果——我們可以從中汲取教誨，學習如何與自然和諧共存。」——《紐約時報》

- 「基默爾呼籲建立一種更包容的環境倫理——賦予大自然和我們數百萬同儕物種固有價值的體系——撫慰了那些覺得在科技年代與自然脫節的人心。」——沃克斯傳媒網遴選之二〇二四年五十大未來領袖：正在改變世界的思想家、發明家和變革家

- 「《禮物經濟》提供了學習原住民文化與生活方式的基礎，以講述原住民的故事與志業為中心。這些論述的重要性再怎麼強調也不為過。」——《科學》雜誌

- 「一本令人愉悅的新書，反思大自然以及我們能從感恩、互惠和社群中汲取什麼教誨，邁向共同繁榮。」——《西雅圖時報》

- 「基默爾以扎根於土地、充滿智慧又發人深省的反思，集結成聯繫生態、經濟與倫理的全新途徑。」——《書單》雜誌的星級評論

- 「極富說服力的呼籲，號召我們採取行動。」——《出版人週刊》

- 「基默爾從波塔瓦托米的傳統出發，用服事莓來彰顯大自然賜予我們的禮物，描繪出一幅簡單到令人訝異的圖像，帶出對生態與文化的精湛反思。」——《柯克斯書評》

- 「絕對是本年度最佳圖書之一。」——《美國大觀》雜誌

- 「在植物學家眼中，我們人類可以向自然生態系統學習到什麼。」——全國公共廣播電台《萬事皆曉》節目主持人艾里．夏皮羅專訪
- 「基默爾在《禮物經濟》一書中啟發我們基於互惠與連結的人際關係。」——WAMC教育廣播電台主持人喬．唐諾修專訪
- 「《禮物經濟》是一塊瑰寶，邀請我們重新思索經濟，想像另外一種基於慷慨、善意、互動與節制的人際關係。現在正是我們以不同方式思考與生活的時候，為我們在大自然的地位講一個不同的故事。」——詹姆士．瑞班克斯，《山牧之愛》作者
- 「閱讀這本書的時光就像是在採摘莓果一樣，滋潤你的靈魂、心靈與思想。我希望將這本書送給每一個人。」——安東尼．杜爾，《呼喚奇蹟的光》作者
- 「基默爾是一位偉大的老師，她的話語是對世界的愛的讚歌。」——伊莉莎白．吉兒伯特，《享受吧！一個人的旅行》作者
- 《紐約時報》書評、《歐普拉日報》、《時代》雜誌、巴諾書店、文學樞紐網站、BookPage書評網、《出版人週刊》、《基督教科學箴言報》一致推薦必讀好書。

# 禮物經濟
## 所有繁茂興盛都是互惠的結果。
《三千分之一的森林》《編織聖草》作者基默爾最新暢銷力作

*THE SERVICEBERRY:*
*Abundance and Reciprocity in the Natural World*


| | |
|---|---|
| 作　　者 | 羅賓·沃爾·基默爾 (Robin Wall Kimmerer) |
| 繪　　者 | 約翰·伯格因 (John Burgoyne) |
| 譯　　者 | 劉泗翰 |
| 封面設計 | 莊謹銘 |
| 內頁排版 | 高巧怡 |
| 執行編輯 | 吳佩芬 |
| 行銷企劃 | 蕭浩仰、江紫涓 |
| 行銷統籌 | 駱漢琦 |
| 業務發行 | 邱紹溢 |
| 營運顧問 | 郭其彬 |
| 果力總編 | 蔣慧仙 |
| 漫遊者總編 | 李亞南 |
| 出　　版 | 果力文化／漫遊者文化事業股份有限公司 |
| 地　　址 | 台北市103大同區重慶北路二段88號2樓之6 |
| 電　　話 | (02) 2715-2022 |
| 傳　　真 | (02) 2715-2021 |
| 服務信箱 | service@azothbooks.com |
| 網路書店 | www.azothbooks.com |
| 臉　　書 | www.facebook.com/azothbooks.read |

| | |
|---|---|
| 發　　行 | 大雁出版基地 |
| 地　　址 | 新北市231新店區北新路三段207-3號5樓 |
| 電　　話 | (02) 8913-1005 |
| 訂單傳真 | (02) 8913-1056 |
| 初版一刷 | 2025年4月 |
| 定　　價 | 台幣320元 |

ISBN　978-626-99114-6-2






國家圖書館出版品預行編目 (CIP) 資料

禮物經濟——所有繁茂興盛都是互惠的結果。《三千分之一的森林》《編織聖草》作者基默爾最新暢銷力作 / 羅賓 · 沃爾 · 基默爾（Robin Wall Kimmerer）作 ; 約翰 · 伯格因（John Burgoyne）繪 ; 劉泗翰譯 . -- 初版 . -- 臺北市 : 果力文化出版 ; 新北市 : 大雁出版基地發行 , 2025.04
面 ; 公分
譯　自 : THE SERVICEBERRY: Abundance and Reciprocity in the Natural World
ISBN 978-626-99114-6-2 ( 平裝 )
1.CST: 自然哲學 2.CST: 人類生態學
143.66　　114003231